AF573488

UN

RETOUR DE JEUNESSE,

VAUDEVILLE FANTASTIQUE EN UN ACTE,

PAR MM. BAYARD ET ANICET-BOURGEOIS ;

REPRÉSENTÉ POUR LA PREMIÈRE FOIS, A PARIS, SUR LE THÉATRE DES VARIÉTÉS LE 20 JUILLET 1837.

PRIX : 1 FR. 50 CENT.

PARIS,

BARBA, LIBRAIRE, AU PALAIS-ROYAL.

1837.

Personnages	Acteurs.
Le Baron ACHILLE DE WOLFENBUTTEL.	M. GABRIEL.
La Marquise de CARLINGTON, sa cousine.	Mme JENNY-VERTPRÉ.
LÉONCE, leur neveu.	M. BRINDEAU.
MARIE, leur nièce.	Mme BRESSANT.
MARTHE, vieille gouvernante.	Mlle LECOMTE.
WALKER, vieil intendant.	M. PROSPER GOTHI.

La scène se passe dans un vieux château de la Souabe.

J.-R. MEVREL, pass. du Caire, 54.

UN RETOUR DE JEUNESSE,

VAUDEVILLE FANTASTIQUE EN UN ACTE.

Le théâtre représente une salle gothique; meubles riches, porte au fond, porte à droite, fenêtre à ogive, à gauche.

SCÈNE I.

MARTHE, LÉONCE, MARIE.

(Au lever du rideau Marthe file au rouet, Marie fait de la tapisserie et Léonce, debout appuyé sur le dos du fauteuil, regarde Marie.

MARTHE, à Léonce.

Oui, mon cher Léonce, il y a aujourd'hui vingt-quatre ans, que Mlle de Carlington, votre mère, épousa M. Valfren, l'homme le plus aimable, le plus savant, et le moins noble du monde... c'est à cause de ce mariage, qu'on appela une mésalliance, que Mlle de Carlington, votre tante, se brouilla avec sa sœur... elle ne lui pardonna qu'à la mort de votre père... alors, seulement, se rouvrirent pour votre mère et pour vous les portes de ce vieux château de votre famille... Mme Valfren suivit de près son mari au tombeau.

LÉONCE.

Et tu l'as remplacée, ma bonne Marthe... tu m'as élevé, choyé, dorlotté, gâté, comme l'eût fait ma pauvre mère!.. enfin j'ai été bien heureux, jusqu'au moment, où de tes mains, je passai dans celles de maîtres ennuyeux et sévères, qui ne m'apprirent rien, sinon que mon bonheur était passé.

MARIE.

Ce bonheur-là n'a-t-il pas recommencé, monsieur, quand je vins habiter ce château avec mon oncle, le baron de Wolfenbuttel, le cousin, et l'ami intime de votre tante?

LÉONCE.

Oh! c'est vrai... car, du moment où je vous vis, je sentis là, que je vous aimerais bientôt, plus encore que je n'avais jamais aimé ma vieille Marthe.

MARTHE.

Petit ingrat!

MARIE.

Et moi je vous trouvai tout de suite beaucoup plus gentil que mon oncle qui a soixante-dix ans, et qui gronde sans cesse; aussi, je vous aimai tout de suite plus que lui.

MARTHE.

Mes pauvres enfans, où vous mènera cet amour-là?

LÉONCE.

Je le sais bien, moi.

MARIE.

Et moi je m'en doute.

MARTHE.

Où donc?

LÉONCE.

Au mariage... tiens!

MARIE.

C'est cela.

LÉONCE.

J'irai trouver monsieur le baron, et sa cousine, madame la marquise... je leur dirai hardiment que j'aime Marie, et que je veux l'épouser.

MARIE.

Voilà!

MARTHE.

Bonté de Dieu! gardez-vous-en bien... vous savez que ce vieux baron de Wolfenbuttel et sa cousine, la vieille marquise de Carlington se sont réunis sur la fin de leurs jours, pour habiter ensemble ce vieux château où ils nous font enrager, Dieu sait comment!..

AIR : Le luth galant.

Faute de mieux, expiant leurs péchés,
D'un monde infâme ils se sont détachés,
Ils ont pour le plaisir un cœur impitoyable...
Semblables au gourmand qui mange comme un diable,
Et qui semble indigné
Que l'on se mette à table,
Quand il a bien dîné.

MARIE.

Mon oncle, surtout, il est si bourru... si maussade!.. puis, madame la marquise qui, parce qu'elle n'est pas mariée, veut, je crois, que je reste fille.

LÉONCE.

Et pourquoi ma tante me refuserait-elle son consentement? d'abord, je suis son plus proche parent... elle doit m'aimer un peu; je sais bien qu'elle me renie, parce que, comme tu le disais tout à l'heure, ma mère s'est mésalliée pour être heureuse; mais c'est égal... je suis son neveu!.. quant à monsieur le baron, pourquoi ne me donnerait-il pas sa nièce? je suis jeune, aimable, bien fait, spirituel... je n'en dirai pas davantage... parce qu'il faut être modeste.

MARTHE.

Et la fortune de votre mère que vous avez perdue.

LÉONCE.

Perdue! au contraire; je l'ai mangée, c'est possible!

MARIE.

Vous êtes donc un mauvais sujet, monsieur... et ces folies que vous avez faites à Leipsick.

LÉONCE.

Dame! j'y ai gagné quelque chose, cela m'a rendu sage.

MARTHE.

C'est bien temps! vous n'avez plus rien.

LÉONCE.

Ça peut me servir plus tard... et puis, n'ai-je pas conservé intact l'héritage de mon père?

MARIE.

Que vous a-t-il laissé?

LÉONCE.

Une lettre, et un parchemin scellé... mais je ne dois ouvrir l'un et l'autre, que lorsque je serai bien vieux, ou bien malade... c'est quelque drogue pour la fièvre.

MARIE.

Une lettre et un parchemin?

MARTHE.

Bel héritage, ma foi!.. le pauvre homme a usé sa vie dans les fourneaux, les alambics, et les bouquins... ils l'appelaient un alchi... alchi...

LÉONCE.

Un alchimiste... il a peut-être trouvé un trésor... il paraît que c'est un secret; si j'allais le vendre... hein?

MARTHE.

J'entends du bruit.

MARIE.

C'est peut-être mon oncle.

MARTHE.

Oui, c'est lui, avec madame la marquise.

LÉONCE.

Eh bien! je vais leur parler; voyez-vous, dame Marthe, il n'y a que deux manières d'en finir... je l'épouserai, première manière... ou je mourrai, seconde.

MARIE.

Oh! j'aimerais mieux l'autre manière.

MARTHE.

Chut! monsieur le baron et madame la marquise.

SCENE II.

LES MÊMES, LE BARON, LA MARQUISE.

Tous deux sont très vieux; ils sont habillés à l'antique et se donnent le bras.

LE BARON, LA MARQUISE.

Air : Ma Fanchette est charmante

Quel charmant tête à tête !
Quel plaisir sans pareil !
D'aller, un jour de fête,
Prendre l'air au soleil !

LÉONCE et MARIE.

Quel plaisir sans pareil !
D'aller, un jour de fête,
Prendre l'air au soleil !

TOUS.

Quel plaisir sans pareil !

LE BARON.

Ouf! je n'en puis plus... quels chemins, bon Dieu !.... en perfectionnant les routes, on nous a gâté nos promenades... avec ça, que vous êtes d'un lourd !.... vous me pesez sur les bras.

LE MARQUISE, s'asseyant.

Laissez donc.... vous n'êtes jamais content !.... ah! Marthe.... mon grand fauteuil... (Apercevant les jeunes gens.) Eh bien !.. qu'est-ce que vous faites là, vous ?

LE BARON.

Oui... les yeux fixes... la bouche ouverte... que c'est gauche la jeunesse! (Offrant du tabac à la marquise.) En voulez-vous, ma chère ?

LA MARQUISE.

Merci, merci, mon cousin.

MARTHE, bas, poussant Léonce.

Allez donc... allez donc...

LÉONCE, hésitant.

Oui, oui...

MARIE, le poussant.

Voilà le moment.

LÉONCE, brusquement.

Monsieur le baron !..

LA MARQUISE, effrayée.

Ah ! mon Dieu !

LE BARON.

Petit sot ! il nous a fait une peur !..

LÉONCE.

Monsieur le baron, je suis amoureux... amoureux de Marie, et je viens vous la demander pour femme! (A part.) C'est ça!.. tout d'une traite, coup sur coup, c'est plutôt passé.

LE BARON.

Plait-il ?

LA MARQUISE.

Qu'ai-je entendu ! comment, monsieur, vous vous permettez d'aimer sans notre consentement ?

LE BARON.

Un petit fou qui s'est déjà permis un duel.

LÉONCE.

Tiens! on m'enlevait quelqu'un!

LE BARON.

Qui a mangé son patrimoine.

LÉONCE.

Eh mon Dieu! monsieur le baron il ne faut pas être si sévère... peut-être qu'à mon âge....

LE BARON.

A votre âge, mais à votre âge, malheureux, j'étais un modèle d'ordre et d'économie, modèle accompli, au physique, comme au moral, sage comme un petit saint, et beau comme un ange. Aussi, du plus loin qu'on m'apercevait : « Quel est donc ce superbe enfant? disait-on, ce jeune homme si candide ? » Je crois bien.

Air de ma Tante Aurore.

A vingt ans, à l'honneur fidèle,
Lorsque dans quelque vieux château,
Je voyais une demoiselle,
J'ôtais en tremblant, mon chapeau.
Du papa craignant les reproches,
L'œil baissé, le cœur sans désir,
J'approchais, les mains dans les poches,
Nous poussions tous deux, un soupir...
C'était là, notre seul plaisir. (Offrant du tabac à la marquise.)
Non, non, monsieur, hors le soupir,
Nous n'avions pas d'autre plaisir.

LA MARQUISE.

Ils n'avaient pas d'autre plaisir.

LES AUTRES.

Le beau plaisir!

LA MARQUISE.

Et vous, mademoiselle, vous ne rougissez pas, en écoutant la demande scandaleuse de votre cousin?... Est-ce que vous auriez l'impudeur de l'aimer?

MARIE.

Je crois que oui.

LA MARQUISE.

Taisez-vous... quelle horreur! ah! de mon temps.

MARTHE, à part.

Oh! la langue me démange.

LA MARQUISE.

On n'aimait jamais à votre âge,
Sans l'aveu de ses grands parens :
Et jamais fille, au mariage,
Ne pensait avant vingt-huit ans ;
Souvent pas du tout : moi, ma chère
Les hommes n'ont pu m'éblouir...
J'ai, gardant ma vertu première,
Passé ma vie à les haïr.
Je n'eus jamais d'autre plaisir.
Je n'eus jamais d'autre plaisir.
Je n'eus jamais d'autre plaisir

MARIE et LÉONCE.

Le beau plaisir!

LÉONCE.

Madame la marquise, j'ai compté sur votre indulgence, sur votre amitié même... car enfin, je suis votre neveu.

LA MARQUISE.

Mon neveu! par une mésalliance.

LÉONCE.

Mais monsieur le baron...

LE BARON.

Aimer ma nièce, s'en faire aimer!.. l'enfant d'un fou, d'un alchimiste, d'un roturier!.. sortez... ou je vous fais jeter à la porte par mes gens.

MARIE.

Mon oncle!..

LÉONCE.

Mais ma tante!..

LA MARQUISE.

Sortez.

MARTHE.

J'en étais sûre.

LÉONCE.

Mais c'est une indignité! vous voulez donc que je meure ?

LE BARON.

Dame!.. si ça vous fait plaisir.

LA MARQUISE.

Ce que je veux, moi, c'est que vous restiez dans votre chambre, jusqu'à ce que je décide de votre sort.

LÉONCE.

Eh bien! oui... je partirai... mais c'est égal, j'aimerai toujours Marie, et elle m'aimera malgré vous, oui, malgré vous, et je l'épouserai.

LE BARON.

L'épouser! (Voulant tirer son épée.) Petit infâme!

LA MARQUISE, le retenant.

Monsieur le baron!

SCÈNE III.

LA MARQUISE, LE BARON, MARTHE, MARIE.

LE BARON, tombant sur un fauteuil.

Je suis mort... pas le moindre respect pour la vieillesse.

LA MARQUISE.

Et pour les rhumatismes! pauvre baron!

LE BARON.

Ah! si j'avais eu mon épée...

MARIE.

Mourir!.. il va mourir!.. mais c'est qu'il le fera comme il le dit.

LE BARON.

Bon voyage.

MARTHE.

Ah! c'est trop fort!

LE BARON.

Taisez-vous.

MARTHE.

Non, M. le baron, non, je ne me tairai pas.

LA MARQUISE.

Quel ton prenez-vous donc, petite ?

MARTHE.

Oh! vous me chasserez après si vous le voulez, mais je parlerai. Que reprochez-vous à ce jeune homme? d'être étourdi... d'avoir jeté son argent par les fenêtres... dame! il n'a pas soixante-dix ans, comme vous, la goutte et un catarrhe.

LE BARON.

Mais... mais... vous tairez-vous!

LA MARQUISE.

Marthe, je vous ordonne de...

MARTHE.

Eh! madame la marquise, vous reprochez à Marie d'avoir un amant, mais, elle au moins, n'en a qu'un à la fois.

LA MARQUISE, étouffant.

Marthe! Marthe!.. vous pouvez vous préparer à sortir du château, aujourd'hui même.

MARTHE, à part.

C'est égal, j'ai dit ce que j'avais sur le cœur!..

LA MARQUISE, à Marie.

Vous, mademoiselle, rentrez... une petite coquette qui ne s'occupe que de se parer, de se mirer... ah! si monsieur le baron suit mes conseils, dès demain, vous irez au couvent.

MARIE.

Au couvent!

WALKER, à la cantonnade.

C'est bien, c'est bien... je vais demander à monsieur le baron...

SCÈNE IV.

LES MÊMES, WALKER.

LE BARON.

Allons, qu'est-ce qu'il me veut encore, cet imbécile d'intendant?

WALKER, entrant.

Monsieur le baron est bien bon... il a toujours quelque chose d'aimable à me dire.

LA MARQUISE.

Parlez, bavard.

WALKER.

Madame la marquise aussi!.. Voici ce que c'est... ce sont vos jeunes vassaux qui voudraient danser sur la pelouse du château.

MARIE, qui allait rentrer dans sa chambre, revient vivement.

On va danser!

LA MARQUISE.

Ah ça!.. ils ont tous perdu la tète aujourd'hui.

LE BARON.

Qu'est-ce qu'ils ont donc dans les pieds, ces gens-là?

WALKER.

Dame! monseigneur, ils sont jeunes, ils pensent au plaisir... et les jours de fête, il n'ont rien de mieux à faire que d'aimer la danse.

LE BARON.

La danse! quand ils auront la goutte, il m'en diront des nouvelles.

MARIE.

Mais en attendant...

LE BARON.

Et leur musique donc, qui n'est bonne qu'à donner la migraine.

WALKER.

Ainsi la petite fète qu'on a l'habitude de payer à cette époque... les gateaux... le vin...

LE BARON.

Laissez-moi donc tranquille : pour leur charger l'estomac... les enivrer! ce qu'il faut à la jeunesse, ce sont des plaisirs calmes...

LA MARQUISE.

Des repas réglés, et de l'eau pure.

WALKER.

Mais, monseigneur...

LE BARON.

Allez... et songez à me rendre vos comptes; vous ètes un prodigue...

LA MARQUISE.

Un dissipateur... si nous avons trop dépensé ce mois-ci... je vous chasse. Et maintenant, dites à ces paysans de retourner chez eux... sortez.

WALKER.

Oui, madame la marquise. (Il sort.)

MARTHE.

Oh! les vieux despotes!

MARIE.

Mais, ma tante, que voulez-vous qu'ils fassent!.. un jour de fête!

LA MARQUISE.

Qu'ils aillent à l'église, qu'ils disent leurs prières!

LE BARON.

Et qu'ils se couchent par là-dessus.

SCÈNE V.

LES MÊMES, LÉONCE.

LÉONCE, accourant.

Me revoilà!

LE BARON, LA MARQUISE.

Encore lui!

LÉONCE.

Moi-même, et cette fois vous ne me chasserez pas, car je reviens riche.

TOUS.

Riche!

LÉONCE.

J'ai un trésor!

TOUS.

Un trésor!

LÉONCE.

Quand je vous ai quittés, j'étais désespéré... fou... j'ai couru à ma chambre... il fallait renoncer à Marie, autant valait mourir... j'ouvre précipitamment mon secrétaire... je saisis mes pistolets...

TOUS.

Ah! mon Dieu!

LÉONCE.

J'allais en finir, quand un parchemin s'échappant d'un des tiroirs tombe à mes pieds; je le ramasse, je reconnais l'écriture de mon père... c'était mon héritage! vous savez, il ne pouvait me servir que lorsque je serais vieux! je n'avais plus le temps d'attendre, puisque j'allais partir, pour le rejoindre, ce pauvre père!... j'ouvre le parchemin doublement scellé, et j'y trouve...

LA MARQUISE.

Quoi?

LE BARON.

De l'or?

LA MARQUISE.

Des diamans?

LÉONCE.

Ceci.

LE BARON.

Qu'est-ce que c'est que ça?

LA MARQUISE.

De la poudre!

LÉONCE.

Voilà mon trésor, je n'y comprends rien... c'est égal, prenez garde de le renverser.

LE BARON.

Il se moque de nous.

LÉONCE.

Je n'oserais pas... il paraît que c'est très précieux.

LA MARQUISE.

Son père était une espèce de sorcier qu'on aurait dû brûler... et je suis sûre que cette poudre...

LE BARON.

Le vieux fou!.. c'est du tabac.

LA MARQUISE.

Voyons! (Il en prennent chacun une prise. Léonce secoue le papier.)

MARIE.

O ciel! que faites-vous là, ma tante?

LA MARQUISE.

C'est étonnant le bien que cela fait!

LE BARON.

Le plaisir qu'on éprouve.

MARTHE.

Bonté de Dieu! je n'y toucherais pas....

LÉONCE.

Vous prenez tout... hein! il est bon?

(A ces mots, le baron et la marquise éternuent et aussitôt leur costume antique disparait, et les laisse brillans de jeunesse, d'élégance et de gaîté. Marie et Léonce, reculent effrayés.)

MARTHE, tombant à genoux.

Ah! mon Dieu!

TOUS.

Air de la Bayadère amoureuse. (Chœur final de la PERLE DES MARIS)

Que vois-je! ô ciel! c'est merveilleux!
Que de beauté! que de jeunesse!

C'est une fée enchanteresse
Qui de bonheur remplit ces lieux. (L'orchestre continue.)

LA MARQUISE.

Qu'est-ce que je sens là?

LE BARON.

Qu'est-ce que j'éprouve?

LA MARQUISE.

Je suis jeune.

LE BARON.

J'ai vingt ans.

LA MARQUISE.

Mon cousin!

LE BARON.

C'est vous.

LÉONCE.

Oh! qu'elle est gentille!

MARIE.

Que mon oncle est léger!

LÉONCE.

Hein! que dites-vous de mon trésor?

LA MARQUISE.

Un trésor!.. oui, c'en est un, car je me sens vive, heureuse... mon cœur bat plus vite... ma tête est remplie d'idées folles.

LE BARON.

Moi, je n'ai pas d'idées... pas une, mais je ne tiens pas en place... j'ai des ailes, je suis un papillon... (Apercevant Marie.) Ah! la jolie personne!

LA MARQUISE.

Mais regarde-moi donc, Marthe... pauvre vieille!

MARTHE.

Vous ne me chassez plus?

LA MARQUISE.

Par exemple! te chasser! et pourquoi? (On entend un air de valse.)

LES PAYSANS, criant au dehors.

Monseigneur, monseigneur!... (Ils entrent tous.)

SCENE VI.

LES MÊMES, WALKER; PAYSANS.

Air :

Ah! monseigneur, nous venons tous,
Se peut-il ainsi qu'on sévisse?
Monseigneur, pour avoir justice,
Nous accourons auprès de vous.

LE BARON.

Qu'est-ce?

WALKER, accourant au milieu d'eux.

Monsieur le baron, ce sont tous ces braves gens qui viennent réclamer eux-mêmes... Ah! tiens... je croyais que monsieur le baron était ici?

MARTHE, montrant le baron.

Mais c'est lui.

WALKER.

Ça?

LÉONCE, montrant la marquise.

Et madame la marquise.

WALKER.

Par exemple, vous me feriez croire...

LE BARON.

Qu'est-ce que c'est, mon garçon... qu'est-ce que tu viens m'annoncer.

LA MARQUISE.

Voyons, parle donc... (A part.) Oh! que c'est laid, un vieux!

WALKER.

Ce sont les vassaux de monseigneur qui viennent se plaindre, mais non, non, ça ne se peut pas.

LE BARON.

Se plaindre... de quoi ?

WALKER

De ce qu'on leur défend de danser.

LA MARQUISE.

On leur défend de danser ?

LE BARON.

Quel est l'impertinent ?

MARIE.

Mais c'est vous.

LE BARON.

Moi ! allons donc, tu ne sais ce que tu dis.

LA MARQUISE.

Ça n'aurait pas le sens commun.

LES PAYSANS.

Là ! voyez-vous bien.

LE BARON.

Oui, mes amis, je veux qu'on s'amuse, je le veux... je l'ordonne, et la schlague à celui qui ne s'amusera pas ; moi, d'abord, j'ouvrirai le bal, je me sens une démangeaison de sauter... hein ! quel jarret !

LA MARQUISE.

Et moi, mes pieds ne tiennent plus à terre... tra, la, la, la, la.

LE BARON.

Tra, la, la, la, la. (Ils dansent.)

LÉONCE, regardant la marquise.

Mais elle est gentille !

MARTHE.

C'est ça, ils danseront !

WALKER.

Je n'en reviens pas.

LE BARON.

Air : Est-il supplice égal. (D'AMÉDÉE DE BEAUPLAN.)

Jadis j'étais, morbleu !
Un causeur plein de feu,
Un danseur intrépide.
Mon talent sans égal
Au doux plaisir du bal,
Forçait la plus timide.
En bon seigneur
Je veux votre bonheur,
Accourez jeunes filles,
Et vous, maris,
Je veux comme jadis
Protéger vos familles.

LA MARQUISE.

Pour valser, grace à Dieu,
J'avais un cœur de feu ;
Mon danseur trop timide
Commençait assez mal,
Mais à la fin du bal,
Il était intrépide.
Jeunes garçons,
Ah ! lorsque nous dansons,
Un peu plus de sagesse.
N'oubliez pas,
Que j'ai sur mes appas
Dix quartiers de noblesse.

ENSEMBLE.

LA MARQUISE.

Je me sens, grace à Dieu
Encore la tête en feu...
Mon danseur intrépide

LE BARON.

Je suis encore, morbleu !
Un causeur plein de feu
Un danseur intrépide

Pourra valser gaîment.
Mes yeux n'ont à présent
Plus rien qui l'intimide.

A la danse à présent.
Je veux par mon talent
Forcer la plus timide.

CHOEUR.

Quel changement, grand Dieu !
Le baron plein de feu
Redevient intrépide,
La marquise vraiment
Donnerait à présent
Du cœur au plus timide.

MARIE.

Ainsi, il y aura bal sur la pelouse.

LA MARQUISE.

Certainement... un bal... j'aime ça, un bal.

LE BARON.

Surtout quand on a la tête en feu, et qu'on presse la taille d'une jeune et jolie personne. (Aux paysannes.) Bonjour, vassales, bonjour... je vous retiens en masse,.. et en particulier... le sang est superbe dans mes domaines.

(On entend un air de valse.)

LA MARQUISE.

Une valse!... écoutez donc! une valse.... ah! que c'est bon à entendre

MARTHE.

Laissez donc... ça donne la migraine.

LE BARON.

Eh! vieille folle!... vite, vite, venez-vous, cousine?

LA MARQUISE.

Non, non... j'ai quelque chose à voir d'abord.

LE BARON.

Quoi donc?

LA MARQUISE.

Mon miroir.

LE BARON.

C'est juste... en ce cas... (A Marie.) Petite...

MARIE.

Mon oncle!

LE BARON.

C'est vrai... je suis son oncle... ah! ah! ah!

(Il donne le bras à Marie; ils vont pour sortir.)

LA MARQUISE, regardant Léonce, lui offrant sa main.

Et moi sa tante... ah! ah! ah!... il est fort bien mon neveu.

LEONCE.

Vous êtes bien bonne.

LE BARON.

Eh! vite, toi, vieux, apporte-moi ta caisse, je veux mener un train d'enfer.

LA MARQUISE.

Éclipser tout le monde!

LE BARON.

En avant les dîners, les plaisirs!

LA MARQUISE.

Les amours!

LE BARON.

Et la beauté!... ô beauté!.. beauté, gare à toi!

LE BARON.

Air : Sous cet habit nouveau.

Ah! quel plaisir divin
Que de retrouver sa jeunesse!
Que tout ici nous mette en train,
Dansons gaîment jusqu'à demain.

TOUS.

Dieux! qu'il est léger! qu'elle est vive!

LE BARON.

Sur la pelouse, mes amis,
Je cours, et qui m'aime me suive.

LÉONCE.

J'ai bien peur qu'ils n'en aient trop pris.

TOUS.

Ah! quel plaisir divin.

(Ils suivent tous le baron, excepté la marquise que Léonce reconduit jusqu'à la porte à droite.)

SCÈNE VII.

LÉONCE, MARTHE.

MARTHE.

Quelle extravagance! qu'ils sont fous!... Dites donc, M. Léonce... il n'en reste pas un petit brin, dans le papier?

LÉONCE, ramassant le papier.

Ah! pour toi... rien, ils ont tout pris.

MARTHE.

Ce n'est pas que j'y croie au moins à cette jeunesse-là... ça ne doit pas être solide.

LÉONCE, examinant le papier.

Tiens! qu'est-ce que c'est que ça?

MARTHE, tendant la main.

Un peu de poudre.

LÉONCE.

Non... des caractères écrits.

MARTHE.

Dieu! si c'était les moyens d'en avoir, votre fortune serait faite..... vous la vendriez au poids de l'or... je vous retiens la première prise gratis...

LÉONCE.

Eh! mon Dieu! tout le monde voudrait en avoir!...

Air : Girouette (FILS DU PRINCE.)

Ah! si ma poudre était féconde,
Que de gens seraient rajeunis!
Artiste qu'on fête à la ronde,
Guerrier qui défends ton pays,
A vous, gloires toujours nouvelles,
La jeunesse, les beaux jours,
Et vous, femmes, vous nos amours,
Puissiez-vous tendres et fidèles
Pour nous aimer toujours, pour aimer toujours,
Rajeunir toujours.

MARTHE.

Qu'est-ce qu'il y a d'écrit.

LÉONCE.

Un secret peut-être... mais c'est une langue qui m'est étrangère... du grec, de l'hébreu, je ne sais pas.

MARTHE.

Du grec, en ce cas il n'y a qu'une personne qui puisse vous l'expliquer, c'est le prieur du couvent... donnez, c'est un savant, je cours lui montrer, à moins que vous n'alliez vous-même.

LÉONCE.

Non, vas-y, je reste, je rejoins le baron; je verrai la marquise, il faut que je profite de leurs bonnes dispositions pour obtenir la main de Marie.

MARTHE.

Oui, dépêchez-vous, pendant que ça dure?

LÉONCE.

Il ne me trouveront pas trop jeune à présent.

Air : Traitant l'amour sans pitié

Plus d'orgueil, de préjugé,
Enfin, ils vont me comprendre

MARTHE.

Sans doute, ils doivent se rendre,
A présent tout est changé,

LÉONCE.

J'en ai la douce espérance;
A cette heureuse alliance
Ils consentiront tous deux.

MARTHE.

Je ne crains, dans cette affaire
Qu'une chose,

LEONCE.

Quoi, ma chère?

MARTHE.

C'est qu'ils vous trouvent trop vieux. (Elle sort.)

LEONCE.

Il ne manquerait plus que cela, je suis bien sûr que Marie parle à son oncle, en dansant, pour qu'il consente à notre mariage. Si je pouvais en même temps décider ma tante... ah! la voici... attention!

SCENE VIII.

LÉONCE, LA MARQUISE.

LA MARQUISE, entrant un peu lentement, sans voir Léonce, un miroir à la main.

Air de l'Ambassadrice.

Mais voyez donc quelle merveille :
J'y crois à peine en vérité,
Moi, ce matin grondeuse et vieille,
Le chef tremblant, le dos voûté...
Dieu que je suis bien, je n'ai pas vingt ans,
Pour moi refleurit un nouveau printemps!
Je puis m'arrêter devant mon miroir,
Il me faisait peur, et j'aime à m'y voir...
Oui, mon pied mignon, ma taille élégante,
Mon regard brillant, je n'ai rien perdu!
Avec mon éclat, ma grace piquante,
Espérance, amour, tout est revenu.
Je crois aux beaux jours,
Je crois aux amours,
Et je sens mon cœur
Battre de bonheur...
Il bat de bonheur.

Froide raison, triste vieillesse.
Allez, allez, bien loin de moi!
Gronder toujours, crier sans cesse.
C'est votre lot... je meurs d'effroi!
Mais vous, jeunes gens légers et galans,
A vous mes attraits, à vous mes vingt ans,
Venez accourez et sans me lasser,
Faites-moi danser, faites-moi walser,
Parlez-moi tout bas, j'aime à vous entendre,
Quand mon air coquet vous fait tressaillir,
Quand vous me lancez un regard bien tendre
Est-ce une espérance! est-ce un souvenir.
Je n'ai rien perdu
Tout est revenu,
Et je sens mon cœur
Battre de bonheur,
Voilà mes beaux jours
Voilà mes amours,
Et je sens mon cœur
Battre de bonheur,
Il bat de bonheur.

LA MARQUISE, effrayée, apercevant Léonce

Ciel ! quelqu'un.

LÉONCE.

Oui, ma tante; et quelqu'un qui est de l'avis de votre miroir.

LA MARQUISE.

Ah ! c'est Léonce, mon neveu; un neveu à mon âge, c'est drôle? ah ça ! tu n'es donc pas changé, toi?... le miracle n'a pas opéré sur tout le monde ici?... tant mieux, car à mon compte tu serais au moins retourné en nourrice.

LÉONCE, à part.

La voilà de bonne humeur... c'est le moment.

LA MARQUISE.

Hein !... qu'est-ce que tu dis là ?

LÉONCE.

Je dis ma tante, que je suis heureux de me trouver encore avec mes dix-neuf ans... à présent surtout que vous n'en avez que dix-huit.

LA MARQUISE.

Est-ce que je ne parais que dix-huit ans ?

LÉONCE.

Oh ! tout au plus.

LA MARQUISE.

Oui, oui... dix-huit ans. (Montrant sa tête et son cœur.) Je le sens là et là.

LÉONCE, avançant la main.

Vraiment !

LA MARQUISE, la retenant.

Eh bien ! eh bien ! monsieur mon neveu, une tante !

LÉONCE.

Pardon... je l'avais oublié. C'est qu'elle est charmante !.. et je ne m'attendais pas... ça me fait un singulier effet.

LA MARQUISE, qui est venue le prendre doucement par le bras.

Eh bien ! monsieur, qu'avez-vous donc, toujours à parler seul dans votre coin ? je veux qu'on me regarde... entendez-vous ?

LÉONCE.

Je ne demande pas mieux, ma tante.

LA MARQUISE.

Ma tante, ma tante !.. quand tu m'appelles ainsi, je crois encore sentir, mes soixante-huit ans sur ma tête.

LÉONCE.

Ah ! ma tante !

LA MARQUISE.

Encore !.. est-ce que tu n'as pas un autre nom à me donner ?.. quelque chose de plus jeune, de plus doux.

LÉONCE, vivement.

Ma bonne amie.

LA MARQUISE.

Tiens ! comme il a trouvé juste... ma bonne amie ! j'y pensais... ou bien encore, le nom qu'on me donnait dans ma jeunesse, la première.

LÉONCE.

On vous appelait...

LA MARQUISE.

Rose.

LÉONCE.

Rose !.. Ah ! qu'il est joli ! et bien choisi surtout... Rose ! (Il va pour lui prendre la main et s'arrête). Mais j'y songe, et le respect...

LA MARQUISE.

C'est vrai, mais bah ! qu'est-ce que ça fait ?

LÉONCE.

Oh ! je n'y tiens pas.

LA MARQUISE.

Ni moi non plus... voyons, monsieur, tout à l'heure à votre air embarrassé, ils m'a semblé que vous aviez quelque chose à me dire?

LÉONCE.

Oui, oui... une demande, je l'avais oubliée.

LA MARQUISE.

Ah! ah! il me fait rire, avec sa figure sérieuse! voyons, approchez-moi ce fauteuil. Votre tante vous donne audience, et tachera de ne pas rire en vous écoutant.

LÉONCE.

Et de la bonté encore!.. révolution complète!

LA MARQUISE.

Allons, venez vous asseoir ici, auprès de moi.

LÉONCE.

Près de vous, ma bonne amie? (A part.) Allons, allons, c'est Marie que j'aime, c'est Marie que...

LA MARQUISE.

Avancez un fauteuil.

LÉONCE.

Merci, merci, c'est inutile, je suis très bien comme ça.

LA MARQUISE.

Tu es trop grand, je ne puis pas te voir. (Léonce mettant un genou sur le tabouret qui est sous les pieds de la marquise). Eh bien! ainsi.

LA MARQUISE.

A mes genoux!

LÉONCE.

Ah! je vous en prie.

LA MARQUISE.

Au fait, un neveu, c'est permis, d'ailleurs, c'est respectueux; sais-tu que tu es bien? mais très bien; je ne m'en étais pas encore aperçue, et même je trouvais ta tournure gauche, tes traits sans expression... j'avais de si mauvais yeux, j'étais si vieille!..

LÉONCE, lui baisant la main.

Que vous êtes aimable! oh! la jolie petite main.

LA MARQUISE.

Est-ce là ce que vous avez à me dire? voyons monsieur, soyons raisonnable, si nous pouvons... vous avez à me parler?

LÉONCE.

J'ai à vous parler d'amour, ma bonne amie.

LA MARQUISE.

D'amour! d'amour! oh! oui, on m'en parlait ainsi, on m'en parlait souvent, c'était bien joli alors; va donc, va, je t'écoute.

LÉONCE, troublé.

C'est que je ne sais plus, je ne puis. (A part.) Ah! mon Dieu! mon Dieu!

LA MARQUISE.

Pauvre garçon! qui t'arrête?

LÉONCE.

Oh! d'abord, c'était la crainte, et maintenant.. ah! je ne comprends pas ce qui se passe en moi, mais ma tête est brûlante!.. mon cœur s'égare oh! tenez, je suis sûr qu'il bat encore plus vite que le vôtre tout à l'heure. (Il met la main de la marquise sur son cœur.)

LA MARQUISE.

Tu es amoureux?

LÉONCE.

Comme un fou.

LA MARQUISE, à part.

Amoureux ah! oui, je me souviens, Marie... (Haut, et le repoussant avec sévérité.) C'est bien, monsieur, levez-vous.

LÉONCE.

Ah! pardon, pardon!.. mais je n'ai pu voir tant de charmes, de jeunesse... ah! Rose, vous êtes si jolie, ces yeux si brillans, ce sourire si fin, si tendre, qui passe en ce moment sur vos lèvres, cette grâce si touchante, tout cela me trouble, m'enivre, je ne sais plus où j'en suis.

LA MARQUISE, sévèrement.

Comment monsieur, c'est moi, que... (A part.) au fait, il n'y a pas grand mal.

LÉONCE.

Oh! laissez-moi donc votre main, votre jolie main, que je la couvre de baisers.

LA MARQUISE, émue.

Absolument, comme autrefois. Léonce, Léonce, levez-vous, vous êtes trop près de moi... savez-vous que cet amour vous est venu bien vite?

LÉONCE.

Oh! du moment que je vous ai vue rajeunie, rajeunie par moi, car tout cela, c'est mon ouvrage, alors, je me suis dit : elle sera à moi, je l'aimerai... (A part.) C'est un mensonge, je n'y pensais pas; mais c'est égal. (Haut). Et vous même, il m'a semblé qu'aussitôt, vous avez jeté sur moi un regard si doux.

LA MARQUISE.

Oui, oui, c'est vrai j'ai remarqué tout de suite...

LÉONCE.

Air de Grisard.

Comme alors, rends-moi donc ici,
Ce regard si doux et si tendre?
Pourquoi refuser de m'entendre?
Ne veux-tu pas m'aimer aussi?

LA MARQUISE.

Non laisse-moi je suis tremblante.

LÉONCE.

N'es-tu pas ma tante?

LA MARQUISE.

Oui ta tante,
Mais il ne faut pas s'y fier;
J'ai peur de l'oublier.

LÉONCE.

Pourquoi me fuir, ah! calme-toi!
Donne ta main que je la presse;
Et que crains-tu de ma tendresse?
Mon respect te répond de moi.

LA MARQUISE.

Au fait j'aurai pour ma défense
Son respect et mon innocence,
Mais il ne faut pas s'y fier;
J'ai peur de l'oublier.

LA MARQUISE, le repoussant.

Mon neveu, du respect.

LÉONCE.

Oh! ma foi, tant pis. (Il l'embrasse.)

LA MARQUISE.

Ah! c'est singulier ce que j'éprouve; une secousse violente... est-ce que je n'ai pas vieilli?

LÉONCE.

Oh! tu es plus jolie encore! (Il l'embrasse de nouveau.)

SCENE IX.

LA MARQUISE, LÉONCE, MARIE.

MARIE, entrant au moment du baiser.

Que vois-je? (Ils se séparent brusquement.)

LÉONCE.

Marie!.. je n'y songeais plus.

LA MARQUISE.

Ah! (Se reprenant.) Que me veut-on? qui est là?

MARIE.

C'est moi... c'est moi, madame la marquise.

LA MARQUISE.

Eh bien! que venez-vous faire ici?

MARIE.

Je venais vous dire que monsieur le baron.. (A part.) Ah! mon Dieu!

LA MARQUISE.

Monsieur le baron.

MARIE.

Se fait des querelles avec tout le monde, dans le parc, en courant après les femmes et les filles qu'il embrasse... comme tout à l'heure M. Léonce.

LA MARQUISE.

Plaît-il?

LÉONCE.

Elle m'a vu.

MARIE.

Oui, oui... il vous embrassait.

LA MARQUISE.

Et quand cela serait... je vous demande un peu si je suis sous votre tutelle?

MARIE.

Tiens, j'étais bien sous la vôtre.

Air : Qu'il est flatteur d'épouser celle, etc.

Et ce matin, mademoiselle
Nous disait de fuir les amans,

LÉONCE.

Marie, allons, point de querelle...

MARIE.

Que même jusqu'à vingt-huit ans,
Un cœur devait mettre sa gloire
A vieillir sans rien éprouver...
Vous avez perdu la mémoire,

LA MARQUISE, regardant Léonce.

Non, je viens de la retrouver.

LÉONCE.

Marie, je t'assure...

MARIE.

Je vous assure, moi, que vous êtes un volage, un ingrat... je ne vous pardonnerai jamais.

LA MARQUISE.

Jamais...

LÉONCE.

Ah! c'est trop fort, mademoiselle, et si je vous oubliais aussi?

MARIE.

Vous êtes libre.

LÉONCE.

Eh bien! alors tout est fini, je ne vous aime plus.

MARIE.

Tant mieux.

LA MARQUISE, riant.

Allons donc!..

LÉONCE.

C'est Rose que j'aime!.. qui m'aimera.

LA MARQUISE, passant près de Léonce.

Tiens! pourquoi pas?

MARIE.

Et moi aussi j'en aimerai un autre... qui me sera fidèle, et cet autre, le voilà!..

LÉONCE.

Le baron!

SCÈNE X.

LES MÊMES, LE BARON, ensuite WALKER.

LE BARON, pâle, défait, et débraillé.

Assez, assez, comme ça !.. oh ! oh ! la danse ! la valse ! que c'est amusant ! j'en aurai une courbature. (Portant la main à la jambe et au dos.) Aie !.. oh !..

LA MARQUISE.

Qu'est-ce? vous avez l'air moins jeune... vous avez des douleurs ?

MARIE, avec intérêt.

Mon bon petit oncle !

LE BARON.

Presque rien... un imbécile de mari qui, sous prétexte que je pressais la taille de sa femme, s'est permis de se fâcher... et v'lan !.. il a le poing d'un solide...

LA MARQUISE, faisant un geste de la main.

Ah ! il vous a...

LE BARON, faisant un geste du pied.

C'est-à-dire, je l'ai... aie ! oh !..

LÉONCE.

C'est charmant !.. donnez-lui votre main, mademoiselle !.. il est fidèle, lui !..

MARIE.

Cela prouve du moins, monsieur, qu'il est aimable, qu'il est galant, et certainement, je l'épouserai.

LE BARON.

Hein ! qu'est-ce qu'il y a ?

MARIE, lui prenant le bras.

Oui, mon oncle, oui, je vous épouse...

LÉONCE.

Et moi, ma tante, et tout de suite encore

LE BARON.

Ah bah ! bravo ! j'épouse toujours !

LA MARQUISE.

Un mariage, c'est gentil.

MARIE, étouffant

Oui, oui, c'est très gentil.

LE BARON.

J'embrasse ma femme.

LA MARQUISE.

Et moi, mon mari.

LE BARON.

C'est singulier ce que j'éprouve toutes les fois que...

LA MARQUISE.

Comme moi.

WALKER, entrant portant des sacs d'argent.

Voilà ma caisse.

LE BARON.

Bravo ! de l'or ! de l'or !.. plein les mains, plein les poches !.. j'en veux jeter partout, ça empêche les femmes de fuir, et les maris de frapper si fort. (Allant à la fenêtre.) Oh ! là... oh ! là... manans.

LÉONCE.

Il m'appelait prodigue !

LA MARQUISE.

Et à moi aussi, il me faut des parures, des bijoux !

MARIE.

Elle m'appelait coquette.

LE BARON.

Et puis des chevaux, des plaisirs... (A demi-voix.) Des maîtresses.

WALKER.

Oui, monsieur le baron.

LÉONCE.

Dites-donc, mon oncle, c'est comme ça que j'allais à Leipsick.

LE BARON.

Et tu faisais bien... dans mon temps, moi, j'ai mangé quatre successions... j'ai croqué un oncle et trois tantes... Vive la joie !

LA MARQUISE.

Et le bonheur !

(Le baron jette de l'or par la fenêtre, la marquise en donne à Léonce. Léonce et Marie se regardent avec colère.)

SCENE XI.

LES MÊMES, MARTHE.

MARTHE, tenant le parchemin.

Miséricorde !.. comme ils jettent l'argent par la fenêtre !

MARIE.

Ah ! Marthe !.. Léonce épouse la marquise.

MARTHE.

Et il l'a embrassée, peut-être.

LE BARON.

Tiens, est-ce que c'est défendu ? (Il l'embrasse.) A toi pauvre vieille ! par charité.

MARTHE.

Bien, bien, ne vous gênez pas, allez toujours, je vois que ça a été vite, jouissez de votre reste.

LA MARQUISE.

Qu'est-ce que tu dis-là ?

MARTHE.

Je dis, je dis que vous n'êtes déjà plus aussi fraîche, et que monsieur le baron a déjà des cheveux gris.

LE BARON.

Hem !.. des cheveux gris ! des cheveux gris ! dame ! il m'en est peut-être resté des anciens : quand on déménage si vite, on peut bien oublier quelque chose.

MARTHE.

Du tout, du tout !.. ce sont des nouveaux, et la preuve, la voilà.

LÉONCE.

Qu'est-ce que c'est que ça ?

MARTHE.

Eh bien ! le parchemin qui renfermait votre poudre merveilleuse qui les a rajeunis.

LA MARQUISE.

Il n'y a plus rien ?

MARTHE.

Malheureusement, mais les mots diaboliques qu'il contient, monsieur le prieur les a expliqués tout de suite.

LE BARON.

Bah !.. et cela signifie ?..

MARTHE.

Cela signifie que : « chaque personne rajeunie par cette poudre, doit « revieillir de cinq ans, à chaque baiser, sottise, folie...

TOUS.

Ah mon Dieu !

MARIE.

Là ! ma tante a dix ans de plus.

LA MARQUISE.

Voulez-vous vous taire, petite sotte. (A Léonce.) Est-ce que ça paraît ?

MARTHE.

Et cela dans la journée.

LE BARON, faisant sauter le parchemin.

Allons donc, avec votre prieur ; c'est un guet-apens que cette jeunesse là !.. Après trente ans d'abstinence se sentir renaître superbe, impétueux, entouré des minois les plus agaçans, et ne pas... que diable ! il faudrait être de glace et moi je suis un brazier, un volcan, je ne peux pas voir une jolie fille sans... (Il va pour embrasser Marie).

MARIE.

Du tout, mon oncle, vous en avez assez comme ça...

LE BARON.

A cause de quelques baisers, mais dans le nombre il y a des non-valeurs. par exemple celui de Marthe. (Montrant Marthe.) ça ne peut pas compter.

LÉONCE, qui a ramassé le parchemin.

Si fait ! si fait !.. (Lisant.) « Sottise, folie, baiser.

LA MARQUISE.

Oui, tout compte.

LÉONCE, lisant.

» Et on se retrouverait au point d'où l'on serait parti.

LA MARQUISE.

Hein ? vieille comme ce matin.

LE BARON.

Comment, avec mon dos cassé, ma perruque.

LA MARQUISE.

Et vos petites jambes.

LE BARON.

Je n'étais pas beau.

MARIE.

Vous étiez très laid !..

LE BARON.

Moi qui sauterais encore. (Il veut sauter.) Oh ! oh !

LA MARQUISE.

Et moi, je me sens plus vive et plus légère que jamais, et comme le parchemin ne défend pas de danser. (Faisant signe à Léonce.) Léonce.

LÉONCE.

Ma bonne amie !

LA MARQUISE.

A mon tour, une valse, la hongroise, j'en meurs d'envie ?

MARIE.

Allez donc, monsieur, allez faire danser votre tante.

LÉONCE.

Tiens, certainement je la ferai danser, valser.

LA MARQUISE.

Va, va réunir tout le monde... mets la musique en train. encore un coup d'œil à ma toilette et je te suis.

SCENE XII.

LA MARQUISE, MARTHE, MARIE, LE BARON.

MARTHE.

Non, mademoiselle ; avec tout le respect que je vous dois. vous rentrerez dans votre chambre et vous y resterez.

LA MARQUISE.

Et pourquoi cela ?

MARTHE.

Parce que... vous êtes une petite folle... une heure de jeunesse et déjà le désordre est partout.

MARIE.

C'est bien vrai.

LE BARON, à Marthe.

Laisse-donc, jalouse...

LA MARQUISE.

Qu'est-ce que ça te fait ?

MARTHE.

Ça me fait... que puisque vous êtes redevenue jeune, je redeviens votre gouvernante, et vous resterez sous ma surveillance... jusqu'à ce que j'aie fait prévenir vos grands parens, s'il vous en reste...

MARIE.

C'est très bien fait...

LA MARQUISE.

Et moi, je vous dis que c'est très mal ; je me moque de vous, je ne resterai pas...

MARTHE.

Si fait!

LA MARQUISE.

Non, non, non! (Le baron les excite.) Ah! je me révolte à la fin!.. je suis la maîtresse, entendez-vous, vieille!..

MARTHE.

Vous dites?

LA MARQUISE, avec colère.

Vieille! vieille! vieille...

LE BARON.

Elle est gentille à croquer.

MARTHE.

Eh! vite, rentrez!

LA MARQUISE.

Oui, parce que je le veux; mais je sortirai.

MARTHE.

Vous ne sortirez pas.

LA MARQUISE, frappant du pied.

Je sortirai... mais mon cousin... mais tu reste là... mais défends-moi donc.

LE BARON.

Eh! je ne demande pas mieux!

MARIE.

Allez, mademoiselle, vous penserez à M. Léonce pour passer le temps.

LA MARQUISE et MARIE.

Air de la Tarentelle.

Je l'aime malgré vous,
Malgré votre courroux,
Je veux vous braver tous,
Par mon courage,
Il sera mon ami,
S'il le faut, mon mari :
J'en jure ici,
Je n'aime que lui.

MARIE.

Je vais le voir.

LA MARQUISE.

Elle enrage.

MARIE.

Pour qu'il soit ravi, je veux
Lui dire mon mariage
Avec mon oncle.

LA MARQUISE.

Tant mieux.

MARTHE.

Elle aussi... tous quatre, je pense,
Ils vont me faire enrager.

LE BARON.

Moi j'adore l'innocence
Qui demande à se venger

ENSEMBLE.

Je l'aime malgré vous, etc.

(La marquise rentre dans la chambre ou Marthe l'enferme Sur un signe de Marthe, Marie s'éloigne en manifestant de la joie de savoir la marquise sous clé.)

SCENE XIII.

LE BARON, MARTHE.

LE BARON, regardant Marthe fermer la porte de la marquise.

Pauvre petite marquise! Ah! la clé!..

MARTHE, tenant la clé.

Maintenant, monsieur le baron, à nous deux.

LE BARON, cherchant à prendre la clé.

Hein? est-ce que tu veux me mettre aussi sous clé, moi?

MARTHE.

Taisez-vous, mauvais sujet!. il est mal à vous de chercher à séduire cette petite Marie, qui est votre nièce, et que vous destiniez au couvent.

LE BARON, cherchant à lui prendre la clé.

Je n'y ai jamais songé, chère amie.

MARTHE.

Sans doute, vous me promettez de ne plus la poursuivre.

(Elle met la clé dans la poche de son tablier.)

LE BARON.

Je te le jure.

MARTHE.

Mais comme vous êtes de mœurs très équivoques...

LE BARON, prenant la clé.

Oh! par exemple! (A part.) Je la tiens!

MARTHE.

Vous ne sortirez pas d'ici.

LE BARON.

Plaît-il? (Lui pressant la taille.) Oh! tu n'en feras rien, ma bonne petite Marthe.

MARTHE.

Oh! vous pouvez m'embrasser si vous le voulez.

LE BARON, s'éloignant.

Non, diable!.. ça coûte plus que ça ne vaut.

MARTHE, fermant la porte.

Là!... je serai tranquille à présent.

LE BARON, se retournant.

C'est qu'elle le fait comme elle le dit.

SCENE XIV.

LE BARON, LA MARQUISE.

LA MARQUISE, en dedans, frappant.

Cousin, cousin, êtes-vous seul?

LE BARON.

Ah! cette pauvre marquise... je n'y pensais plus... (Regardant la porte du fond.) C'est bien, la vieille, ferme la porte; moi, je vais ouvrir l'autre.

(Il ouvre la porte à droite.)

LA MARQUISE.

Ah! mon cousin, quel service tu m'as rendu!... mais comment as-tu fait?

LE BARON.

Parbleu voici la clé... celle-ci m'en rappelle une autre... celle que je volai à ta mère... un certain soir qu'elle t'avait enfermée... ah! ah! ah!

LA MARQUISE.

Silence, monsieur, vous étiez alors le plus grand petit vaurien.....

LE BARON.

Et vous, la plus méchante petite coquette... vous faisiez des petites mines, comme à présent, tenez!

LA MARQUISE.

Adieu, baron, adieu.

LE BARON.

Eh bien! où courez-vous?... pas moyen de sortir... la porte est fermée, ma chère....

LA MARQUISE.

Encore!... et ce pauvre Léonce qui vient de me donner un rendez-vous, là, par la fenêtre.

LE BARON.

Ah! il y a un rendez-vous.

LA MARQUISE.

Et nous voilà prisonniers.

LE BARON.

Bah! je m'en moque pas mal, moi, quand une porte est fermée, je passe par la fenêtre.

LA MARQUISE.

Mais moi, je n'ai jamais sauté par la fenêtre.

LE BARON.

Non... (Il lui fait signe de s'approcher.) Ecoute donc, Rose, écoute donc?

LA MARQUISE, s'approchant.

Eh bien?

LE BARON.

Tu ne sautais pas par la fenêtre, c'est vrai... tu te contentais de l'ouvrir quand un petit coup sur le carreau... hem! tu te rappelles... (La marquise fait signe que oui, en souriant.) Avec l'échelle du jardinier... je grelottais, j'avais l'onglée, et par un froid pareil, on ne laisse pas l'amour à la fenêtre.

LA MARQUISE.

Vilain! .. si Léonce avait cet esprit-là!...

LE BARON.

Il ne l'aura pas... ces jeunes gens d'aujourd'hui n'y entendent rien... et ton Léonce... un lourdeau, sans imagination, sans audace, qui, après deux mois de cour, en est encore avec sa cousine, à : VOULEZ-VOUS ME PERMETTRE? On voit bien que sa mère s'est mésalliée... et qu'il n'est pas de race pure. (Il l'embrasse.) Tant pis.

LA MARQUISE.

O ciel! qu'est-ce que vous avez fait là?

LE BARON.

Oh! ma foi! je n'y ai pas pensé... d'ailleurs, je t'assure qu'il n'y paraît pas... tu as encore tes yeux brillans, comme moi, ta fraîcheur, comme moi; heim? quelle fraîcheur j'ai... je suis joli garçon en diable... (Soupirant.) Ah! (Il la prend dans ses bras.)

LA MARQUISE, s'échappant.

Ne me regardez donc pas ainsi, Achille, vous me faites peur.

LE BARON.

Achille, mon nom, tu t'en souviens.

LA MARQUISE.

Je n'ai rien oublié... écoute donc, Achille. (Elle lui fait signe d'approcher, il approche.) Ecoute... quand ton père te défendait de me faire danser, et que nous nous échappions, pour valser la hongroise.

LE BARON.

Ah! oui... la hongroise.

LA MARQUISE, valsant seule et chantant.

Tra, la, la, la, tra, la, la, laire...

LE BARON.

Est-ce que tu t'en souviens?

LA MARQUISE.

Comme si c'était hier.

LE BARON.

C'est impossible.

LA MARQUISE.

Tu vas voir. (Elle danse à la hongroise.)

LE BARON, l'arrêtant dans ses bras.

Comme ça me montait la tête, comme ça me faisait battre le cœur, dis donc, Rose, je crois que ça recommence.

LA MARQUISE.

Vrai! c'est si bon de tromper les vieux, comme Marthe, qui nous renferme ensemble... heureusement, il n'y a pas de danger.

LE BARON.

Tiens, pourquoi pas? les baisers de contrebande, c'est bien meilleur.

LA MARQUISE, s'échappant de ses bras.

Du tout, monsieur, du tout... songez donc aux cheveux gris.

LE BARON.

Bah! je les risque. (Il veut l'embrasser.)

LA MARQUISE, se débattant.

Aux rides.

LE BARON.

Ça m'est égal!

LA MARQUISE, lui échappant

Aux rhumatismes.

LE BARON.

Je m'en moque. (Il la poursuit.)

LA MARQUISE, criant.

Achille... grace! au secours.

LE BARON.

Tais-toi donc!.. que tu es bête!

LA MARQUISE.

Au secours!..

SCENE XV.

LE BARON, LÉONCE.

LÉONCE, ouvrant la porte du fond.

Qu'est-ce donc?.. ces cris... ah!..

LE BARON.

Rose!..

LA MARQUISE, s'échappant.

Sauve qui peut!... (Elle sort par le fond.)

LÉONCE, retenant le baron.

Non, morbleu! vous ne la suivrez pas!

LE BARON.

Comment, je ne la suivrai pas!... et qui m'en empêchera?

LÉONCE.

Moi!

LE BARON.

Allons donc!

LÉONCE.

Oui, moi! qui ne suis pas d'humeur à vous laisser faire... Que diable! ce matin vous m'enlevez Marie, ce soir vous m'enlevez la Marquise! on n'est pas girouette comme ça.

LE BARON.

Girouette!.. tiens, pourquoi pas!.. on tourne, on tourne, ça étourdit... laisse-moi passer, nigaud!

LÉONCE.

Vous ne passerez pas!.. oh! je vois bien, vous voulez courir au rendez-vous qu'elle m'a donné sous les marronniers.

LE BARON.

Ah bah!.. merci, petit.

LÉONCE.

Mais vous n'irez pas... ou je me couperai la gorge avec vous!

LE BARON.

Un duel!

LÉONCE.

Oui, oui, un duel... si vous m'enlevez celle que j'aime à présent!

LE BARON.

Un duel! soit!... il ne manquait plus que cela pour être au complet.

ENSEMBLE.

Ah! c'est trop m'outrager,
Et je vais me venger!

LÉONCE.

Ne croyez pas toujours
M'enlever mes amours.

LE BARON.

Au péril de mes jours
Je défends mes amours.

Oui, sortons de ces lieux,
Battons-nous, je le veux;
Voyons qui de nous deux
Est le jeune ou le vieux

(Le Baron saute par la fenêtre. Léonce va sortir par la porte quand Marthe paraît.)

SCENE XVI.

LÉONCE, MARTHE, MARIE.

MARTHE, retenant Léonce.

Eh bien ! eh bien ! où courez-vous?

LÉONCE.

Laissez-moi !.. je vais me battre !..

MARIE, entrant vivement et courant à lui.

Vous battre, Léonce !

LÉONCE.

Oui, me battre avec le baron. (Cherchant autour de lui.) Eh bien ! où donc est-il ?

MARIE.

Il vient de sauter par la fenêtre.

LÉONCE.

Eh vite ! je cours le rejoindre.

MARTHE.

Eh non !.. vous resterez, ici, près de votre cousine.

MARIE.

Pourquoi donc? tu vois bien qu'il est trop malheureux loin de celle qu'il aime.

LÉONCE.

Certainement, mademoiselle, je l'aime beaucoup.

MARTHE.

Eh non ! vous ne l'aimez pas... a-t-on jamais vu de pareils caprices ?... vous vous adoriez ce matin.

MARIE.

Et nous nous détestons ce soir.

LÉONCE.

Sans doute, puisque vous l'avez voulu. D'ailleurs, elle est jeune, elle est jolie... ça console.

MARIE.

Oh ! vous étiez tout consolé, quand je vous ai trouvé, ici, avec ma tante, que vous embrassiez.

LÉONCE.

C'est comme votre oncle, que vous épousez de vous-même et sans effort.

MARIE, avec dépit et cachant ses larmes.

Oui, monsieur, oui ; pour me venger, parce qu'il est jeune aussi, parce qu'il est aimable.

LÉONCE.

C'est bien... j'ai un rendez-vous, et j'y cours.

MARTHE.

Vous le pouvez... votre tante n'ira pas, elle ; j'y ai mis bon ordre... elle est là, sous clé.

MARIE.

Non, ma bonne, non : elle s'est échappée aussi.

MARTHE.

Comment, il serait vrai ! la marquise, un rendez-vous !

LÉONCE.

Avec le baron !

MARTHE.

C'est qu'ils ne perdraient pas, comme vous, leur temps à se disputer.

LÉONCE.

Eh vite ! je cours les rejoindre.

SCÈNE XVII.

LES MÊMES, WALKER, PAYSANS.

CHOEUR.

Air :

Dieu ! quelle surprise est la nôtre !
Ils ont disparu tous les deux.
Comme des ombres, l'un et l'autre
Se sont éclipsés à nos yeux.

MARTHE.

Qu'est-ce donc !... qu'y a-t-il ?...

WALKER.

Il y a... il y a que nous avions vu passer madame la marquise et ensuite M. le baron... nos jeunes maîtres... et un moment après nous avons voulu les rejoindre sous les maronniers... pour les remercier de leur générosité... par la fenêtre ..

LÉONCE, à Marie.

Après... après...

WALKER.

Eh bien! il n'y étaient plus... mais à travers les arbres j'ai vu passer comme l'ombre de la vieille marquise... que poursuivait un grand vieux tout sec.

LA MARQUISE, au dehors.

Laissez-moi, baron!

LE BARON, de même.

Marquise !

TOUS.

Les voici !

SCÈNE XVIII.

LES MÊMES, LE BARON, LA MARQUISE.

(Ils sont vieux et costumés comme au commencement de la pièce.)

LA MARQUISE, entrant la première.

Laissez-moi. (Elle va tomber sur un sopha en se cachant avec son évantail) cruel !...

LE BARON, la poursuivant.

Tu me fuis. (S'arrêtant à quelques pas d'elle.) Ingrate!

WALKER et LES PAYSANS.

Ah! mon Dieu!

LÉONCE.

Oh! ma jolie tante.

MARIE.

Mon pauvre oncle!..

MARTHE.

C'est revenu! et en moins d'un jour... argent perdu, duel et amour... ça été vite!..

LE BARON.

Je ne m'en plains pas.

LA MARQUISE.

Ni moi non plus.

MARTHE, à Marie et à Léonce.

Hein!.. voulez-vous épouser les autres... les vieux ?..

MARIE et LÉONCE, vivement.

Oh! non!

LA MARQUISE.

Qu'est-ce qu'ils disent?...

MARTHE.

Dame! ils demandent si pour les marier, vous les trouvez...

MARIE, à la marquise.

Trop jeune, ma tante?

LÉONCE, au baron.

Trop mauvais sujet, M. le baron?

LE BARON, à la marquise.

Hein!..

LA MARQUISE.

Allons!... mariez-vous, pendant que nous avons encore la mémoire fraîche. (A tout le monde.) Vous serez tous de leurs fiançailles.

LE BARON, lui tendant la main.

Et les nôtres, marquise?

LA MARQUISE.

Dame! petit serpent! pour ne pas aller si vite.

MARTHE.

Et maintenant, si vous avez des enfans...

LA MARQUISE et LE BARON.

Hein !...

MARTHE, montrant Léonce et Marie.

C'est à eux que je parle... n'oubliez pas que lorsqu'on est jeune, dame !..

LE BARON.

Il faut que jeunesse se passe.

LA MARQUISE.

Oui, mais pas trop vite.

CHOEUR.

Air :

La jeunesse et le plaisir
Marchent de compagnie,
La vie
Fuit, par le plaisir
Il faut la rajeunir.

LA MARQUISE, au public.

Air : Girouette (DU FILS DU PRINCE).

La critique est un peu sévère,
Comme la vieillesse, dit-on ;
Mais ce soir, elle aura, j'espère,
Profité de notre leçon.
Que le public, à notre pièce,
Applaudisse tous les jours,
Et je veux pour lui tous les jours
Avoir des retours de jeunesse.
Pour vous plaire toujours,
Pour plaire toujours,
Rajeunir toujours

155

www.ingramcontent.com/pod-product-compliance
Lightning Source LLC
LaVergne TN
LVHW050507160826
845677LV00003B/989